ABRACADABRA

Johann Fackelmann
Karl Söhl
Grafische Gestaltung: Angelika Schuberg

westermann

A
B
C
D
E
F
G
H
I
J
K
L
M
N
O
P

Aa

A / Λ A

a o a

die Ananas
der Anorak
das Aquarium
der Schlafsack
die Zahnpasta

der Abend
der Affe
die Ameise
die Angel
die Angst
der April
die Arbeit
der Arm
der Arzt
der Ast

anfangen
ankommen
antworten
anziehen
arbeiten

ab
aber
ach
acht
alle
allein
als
also
alt
am
an
andere
arm

Lisa packt einen Anorak ein.
Lisa packt einen Affen ein.
Lisa packt eine Angel ein

R
S
T
U
V
W
XY
Z
Au
Ch
Ei
Pf
Sch
Sp St
Ä Ö Ü Eu

B C D E F G H I J K L M N O P

Bb

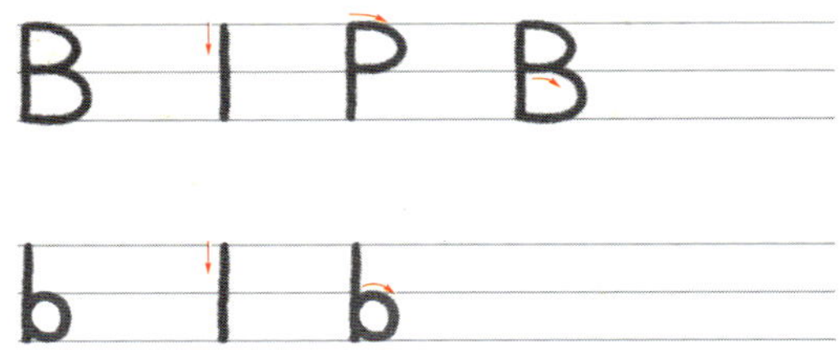

das Baumhaus
die Biene
die Bohrmaschine
das Bonbon
die Robbe

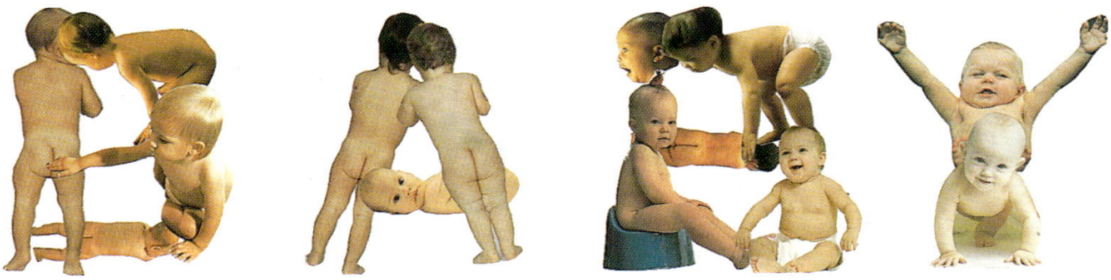

der Bach
der Ball
der Bär
der Baum
das Bein
der Berg
das Bett
das Bild
das Blatt
die Blume
der Brief
das Brot
der Bruder
das Buch

baden
bauen
bekommen
bellen
ich bin
binden
du bist
bitten
bleiben
bluten
brauchen
brechen
brennen
bringen

bald
bei
beide
beim
besonders
besser
bestimmt
bis
bitte
blau
böse
braun

BAUMUNDURSTAFEL
BLUMESELUPENDE

Cc

C C

c c

das Café
der Clown
der Collie
der Computer
der Cowboy

Cabrio

Das Cabrio ist ein Auto, an dem man das Dach abnehmen oder weit öffnen kann.

CD

Früher gab es nur Schallplatten. Heute wird Musik oft mit dem CD-Player von der CD abgespielt.

Cello
(sprich: Tschello)

Das Cello ist viel größer als eine Geige. Der Cellospieler stellt es vor sich und spielt es mit einem Bogen.

Cockerspaniel

Der Cockerspaniel ist eigentlich ein Jagdhund. Er spielt gern und hat ein weiches Fell.

Container

In Containern wird Altpapier und Altglas gesammelt. Auf Baustellen sind auch Büros in Containern untergebracht.

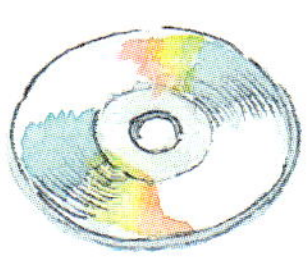

T
U
V
W
XY
Z
Au
Ch
Ei
Pf
Sch
Sp St
Ä Ö Ü Eu

Dd

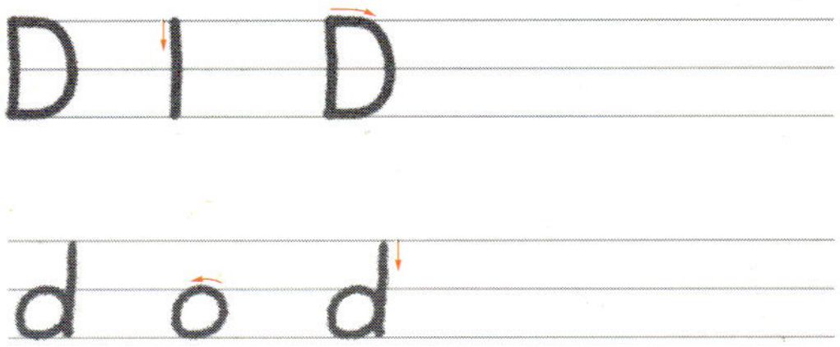

der Dachs
der Drachen
der Dudelsack
das Paddel
die Schublade

D E F G H I J K L M N O P

das Dach
der Daumen
der Dezember
der Dienstag
das Ding
der Dinosaurier
der Doktor
der Donnerstag
das Dorf
die Dose
der Durst

danken
ich darf
dauern
denken
dienen
drehen
dürfen

da
damit
dann
das
dein
denn
der
dich
die
doch
dort
drei
du
durch

der

Durst
Dino

die

Dose

das

Dach

U
V
W
XY
Z
Au
Ch
Ei
Pf
Sch
Sp St
Ä Ö Ü Eu

Ee

der Elektriker
der Erdball
der Eskimo
der Seehund
das Skelett

die Ecke
der Elefant
die Eltern
das Ende
die Ente
die Erbse
die Erde
das Essen

erklären
erlauben
erschrecken
erzählen
essen

eben
echt
elf
endlich
eng
er
erst
etwas
extra

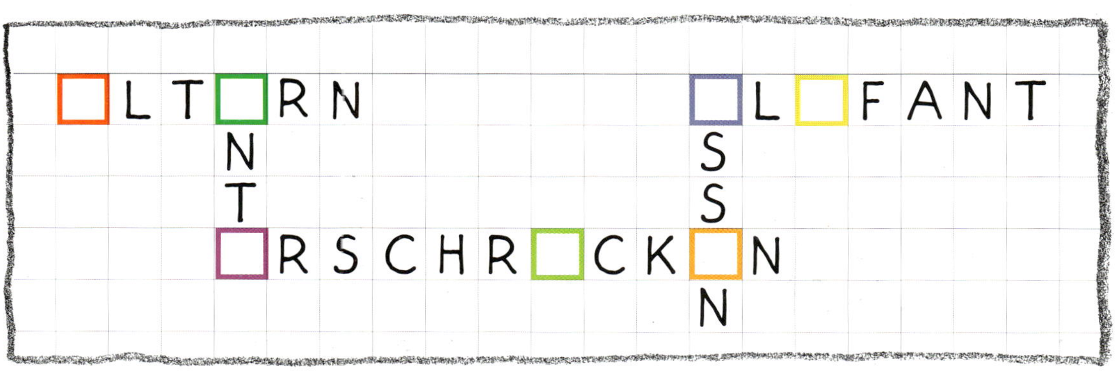

Ff

der Fakir
der Fernseher
die Fotografin
das Mikrofon
die Seifenkiste

FARBE

das Fahrrad
der Februar
die Feder
das Fenster
die Ferien
das Feuer
der Finger
der Fisch
die Frau
der Freitag
der Freund
die Freundin
der Frühling
der Fuß

fahren
fallen
fangen
fassen
fehlen
fernsehen
finden
fliegen
fragen
fressen
freuen
füttern

falsch
fast
fein
fertig
fest
frei
fremd
frisch
fünf
für

F a h r r a d	f a s s e n
F e b r u a r	f e h l e n
F e d e r	f e r n s e h e n
F e n s t e r	f i n d e n
F e r i e n	

Gg

G G G

g g g

der Bagger

die Geige

das Gespenst

die Glaskugel

die Zugbrücke

G
H
I
J
K
L
M
N
O
P

die Gabel	geben	ganz
der Garten	gehen	gelb
der Geburtstag	gewinnen	gemeinsam
der Geist	er gibt	genau
das Geschenk	grillen	genug
die Geschichte	gucken	gerade
das Gewicht		gern
die Glocke		gestern
das Glück		gesund
das Gras		gleich
der Gürtel		groß
		grün
		gut

Geheimschrift

Hh

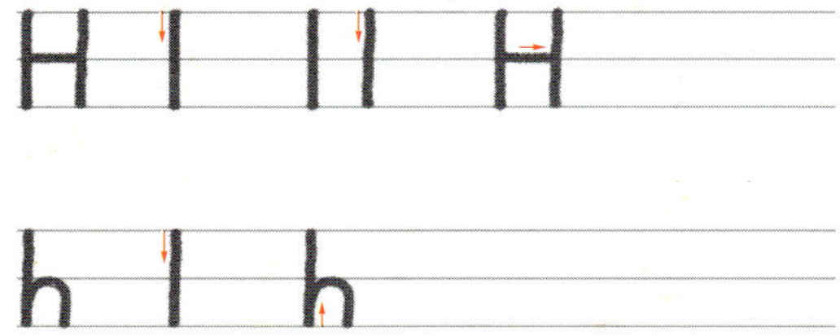

der Hamster
die Hängematte
der Heißluftballon
der Hirtenhund
die Hundehütte

H I J K L M N O P

die Haare		haben	halb
der Hals		halten	hart
die Hand	du	hältst	heiß
das Haus		hängen	her
der Herbst	du	hast	heraus
der Herr	sie	hat	herein
das Herz	sie	hatte	heute
die Hexe		heben	hier
der Himmel		heißen	hin
die Hose		helfen	hinter
der Hund		hoffen	hoch
der Hunger		holen	
die Hupe		hören	

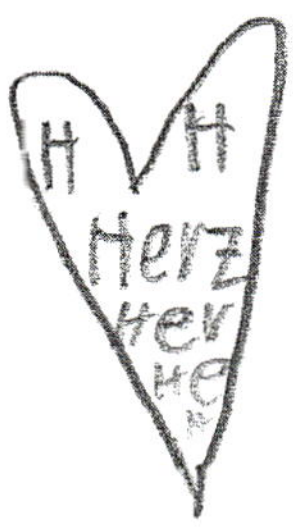

Z
Au
Ch
Ei
Pf
Sch
Sp St
Ä Ö Ü Eu

Ii

I I

i i i

der Bikini

der Igelfisch

der Indianer

die Prinzessin

der Tintenfisch

I
J
K
L
M
N
O
P

die Idee
der Igel
die Insel

irren
er ist

ich
ihn
ihr
im
immer
in
innen
interessant

Au
Ch
Ei
Pf
Sch
Sp
St
Ä
Ö Ü
Eu

J j

J J

j j j

die Jeans

das Jelängerjelieber

der Judogürtel

der Junikäfer

das Kajak

die	Jacke	jonglieren	ja
der	Jäger		jede
das	Jahr		jeder
der	Januar		jemand
der	Juli		jetzt
der	Junge		jung

Juni 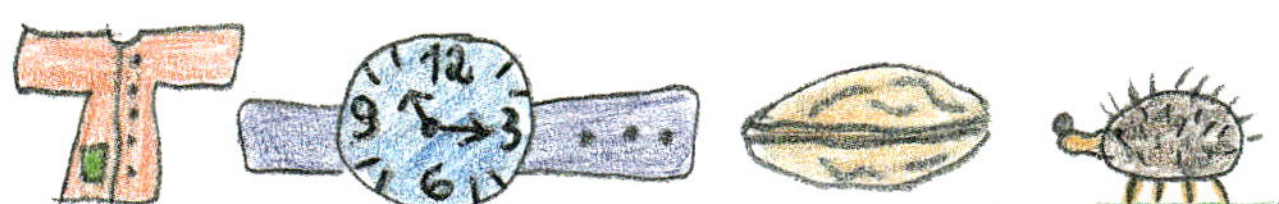

Jahr 

Junge 

K k

der Kakadu
der Kaktus
das Kaspertheater
das Krokodil
der Kühlschrank

K
L
M
N
O
P

der Käfig
der Kakao
der Kalender
die Katze
der Kaugummi
das Kind
der Kindergarten
die Kirsche
die Klasse
das Kleid
der König
der Kopf
die Küche
die Kuh

ich kann
kauen
kaufen
kennen
kleben
klettern
kochen
kommen
können
kosten
kriegen

kalt
kaputt
kein
klar
klein
k.o.
komisch
krank
kurz

K I N D
L U F T
A F F E
R A K E T E

K A U G U M M I
A
K
A
O

Ei
Pf
Sch
Sp St
Ä Ö Ü Eu

L l

L l L

l l

die Libelle
das Lineal
die Lokomotive
der Luftballon
die Schlüsselblume

L
M
N
O
P

die Lampe	lachen	lang
der Lehrer	lassen	langsam
die Lehrerin	laufen	laut
die Leiter	du läufst	leicht
die Leute	leben	leise
das Licht	legen	lieb
das Lied	lernen	links
die Limonade	lesen	los
das Loch	lieben	lustig
der Löffel	liefern	
der Löwe	liegen	
	er liest	
	lügen	

L A M P E
E N T E

L Ö F F E L
L U P E

L I C H T
T I E R

Pf
Sch
Sp St
Ä Ö Ü Eu

Mm

der Marienkäfer
der Matrose
der Mülleimer
die Muschel
die Schirmmütze

MAUS

das Mädchen	machen	mal
der Mai	ich mag	mehr
der Mann	malen	mein
der März	meinen	meistens
das Meer	merken	mich
der Mensch	messen	minus
das Messer	mögen	mir
die Milch	ich muss	mit
der Mittwoch	müssen	mittags
der Montag	du musst	morgen
der Morgen		morgens
der Müll		müde
der Mund		
die Mutter		

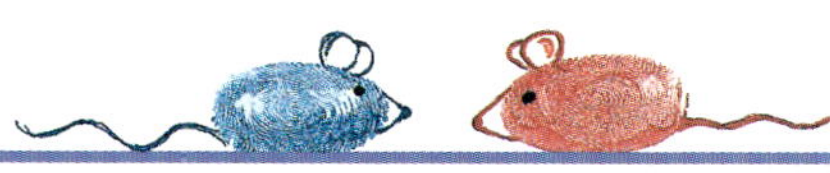

Das mag ich:	Das mag ich nicht:
mich	malen
Meer	Montag
Milch	Müll

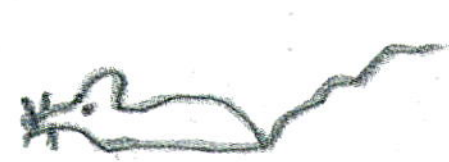

Sch
Sp St
Ä Ö Ü Eu

Nn

der Adventskranz
das **N**ashor**n**
der Nussknacker
der Schneemann
das Spinnennetz

N
O
P

NAGEL

der Nachbar	nehmen	nach
der Nachmittag	nennen	nah
die Nacht	er nimmt	nämlich
der Name		nass
die Nase		nein
das Nest		nett
der Nikolaus		neu
die Note		neun
der November		nicht
die Nuss		nichts
		nie
		noch
		nun
		nur

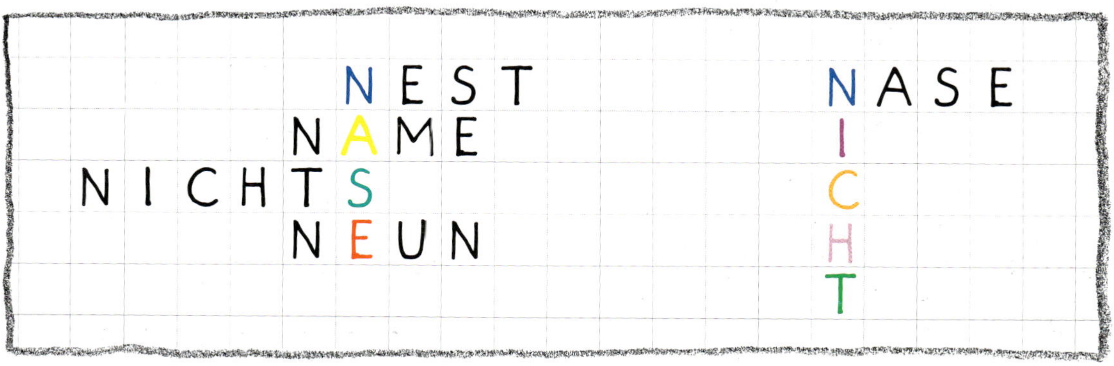

Oo

O O

o o

das Knopfloch
der Kobold
die **O**b**o**e
der Ohrwurm
das Opernglas

das Ohr
der Oktober
die Oma
der Omnibus
der Onkel
der Opa
die Orange
die Orgel
der Ort
der Osterhase
Ostern

ordnen

ob
oben
oder
offen
oft
ohne
okay
orange

voll
groß
sitzen
fahren
Omnibus
viele Leute
eng
schön

Pp

P P
p p

die Pappnase
die Petroleumlampe
der Pinguin
das Piratenschiff
die Purpurschnecke

P

die Palme
der Papagei
das Papier
der Parkplatz
die Pause
der Pinsel
der Platz
die Polizei
die Post
der Preis
der Pulli
der Pullover
das Puzzle

passen
passieren
platzen
putzen

plötzlich
plus
prima

 die Palme

 das Puzzle

 der Pinsel

 der Pullover

Aa
Bb
Cc
Dd
Ee
Ff
Gg
Hh
Ii
Jj
Kk
Ll
M
m
Nn
Oo
Pp

Qu qu
Rr
Ss
Tt
Uu
Vv
Ww
Xx
Yy
Zz
Au
au
CHrrr..
Ch ch
Ei
ei
Pf pf
Sch
sch
Sp
sp
St st
Ää
Öö
Üü
Eu eu
ÖL

Qu qu

Qu O Q Qu Qu

qu o q qu qu

die Kaulquappe
die Qualle
die Querflöte
der Quirl
das Zauberquadrat

das Quadrat	quaken	quadratisch
der Quark	quälen	quer
das Quartett	quatschen	quitt
der Quatsch		
die Quelle		

Rr

R I P R

r ı r

der Astronaut
der Roboter
die Rollerskates
der Rüsselkäfer
das Skateboard

das Rad
der Radiergummi
das Radio
die Rakete
das Rätsel
der Rauch
die Raupe
der Regen
der Regenschirm
die Reihe
der Riese
der Ring
der Rücken

sie rät
raten
rechnen
reden
regnen
rennen
retten
rollen
rufen
rutschen

rasch
rechts
reich
richtig
rosa
rot
ruhig
rund

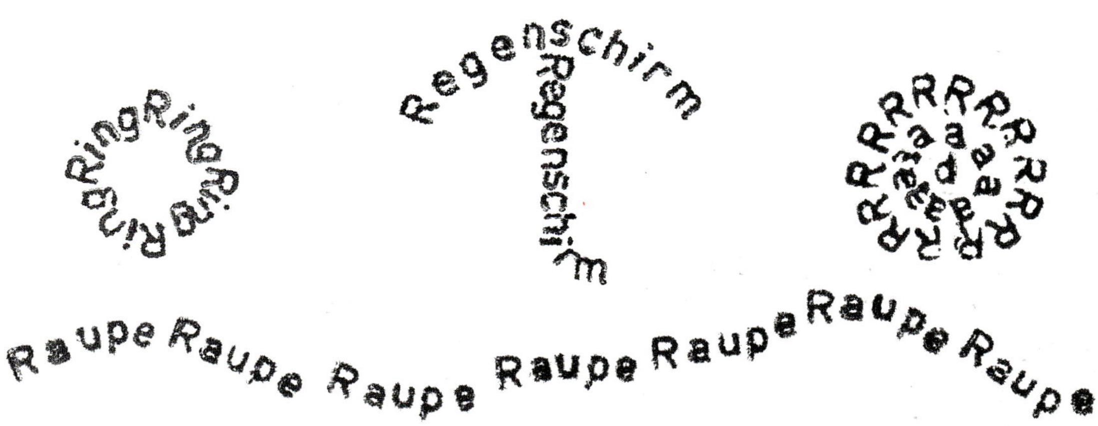

Ss

S S

s s

der Korbsessel

die Seifenblase

die Sense

die Sonnenuhr

das Surfbrett

SAND

die Sache
der Sack
der Salat
der Samstag
die Sandale
der See
die Seite
der September
der Sohn
der Sommer
die Sonne
der Sonntag
die Suppe

sagen
sehen
senden
setzen
du siehst
sie sind
singen
sitzen
sollen
suchen

sauber
sechs
sehr
sein
selbst
selten
sich
sie
sieben
so
sofort

A
B
C

T t

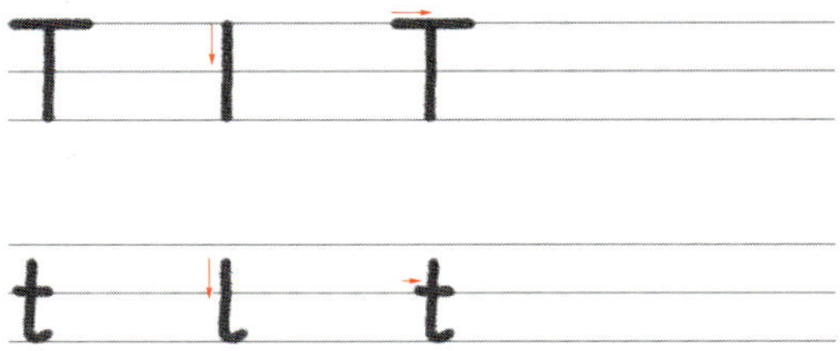

die Geburtstagstorte
das Quartett
das Tablett
der Tintenfisch
das Tischtennis

die Tafel	tanzen	teuer
der Tag	teilen	tief
die Tante	telefonieren	toll
die Tasse	tragen	tot
der Tee	treffen	traurig
das Telefon	treiben	treu
der Teller	er trifft	trocken
das Tier	trinken	
der Tisch	tun	
die Tochter	turnen	
das Tor		
der Traum		
die Tür		
der Turnschuh		

Tor	Telefon
toll	turnen
Tisch	teuer
Teller	Tier
traurig	Tag

A
B
C
D

Uu

U U

u u u

der Globus
der Turnschuh
das U-Boot
der **U**mweltsch**u**tz
die Urkunde

das Ufo	umdrehen	um
der Unfall		und
der Unsinn		uns
der Unterricht		unten
der Urlaub		unter

Sanduhr Kuckucksuhr

Wasseruhr Uhr Standuhr

Parkuhr Sonnenuhr

A
B
C
D
E

Vv

der Pavian
der Pullover
das Veilchen
das Video
der Volleyball

VIER

die Vase
der Vater
der Verkäufer
die Verkäuferin
der Verkehr
der Vogel
der Vorhang
der Vormittag

vergessen
verkaufen
verlieren
verstecken
verstehen
versuchen

viel
vielleicht
voll
vom
von
vor
vorbei
vorsichtig

Ww

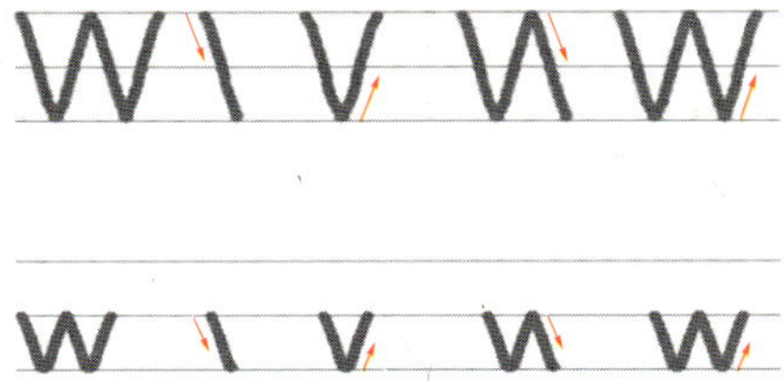

der Wanderweg
die Wasserwaage
der Wegweiser
das Wildschwein
der Wohnwagen

der Wagen	es war	warm
der Wal	warnen	warum
der Wald	warten	was
das Wasser	weinen	weg
der Weg	ich weiß	weich
Weihnachten	werden	weil
die Welt	werfen	weiß
das Wetter	ich will	wenig
der Wind	es wird	wenn
der Winter	sie wirft	wer
die Woche	wissen	wie
die Wohnung	wollen	wieder
das Wort		wir
die Wurst		wo

WWALDWWORTWWWERW
WWINDWWALWWETTERW
WASWWWARMWWOWEGW
WWIEWWURSTWW

Xx
Yy

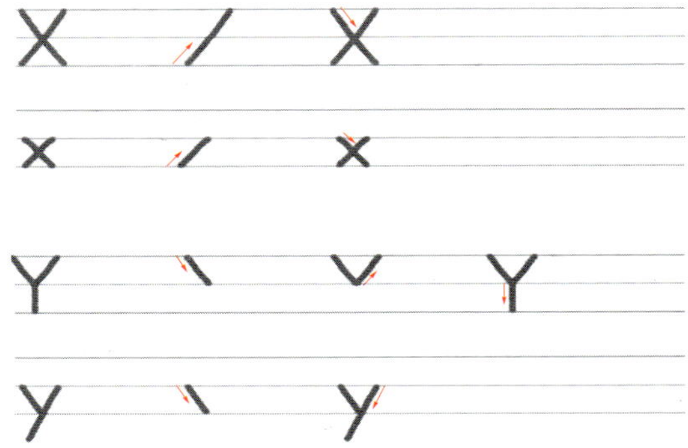

X-Beine Die Beine mancher Menschen sind nicht gerade. Sie haben X-Beine. Die Knie treffen sich. Die Füße kommen nicht zusammen.

Xylophon Das Xylophon ist ein Instrument, mit dem man Musikstücke begleiten kann. Seine Holzstäbe werden mit zwei Schlägeln geschlagen.

Yoga Wenn Leute Yoga machen, sieht es aus, als würden sie turnen.

Ypsilon Das Ypsilon ist der 25. Buchstabe in unserem Abc. In deutschen Wörtern kommt es selten vor.

 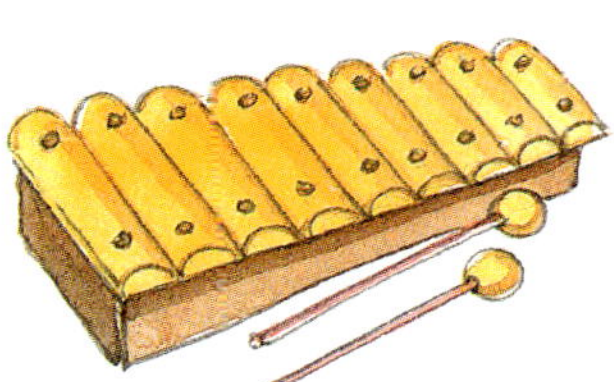  

Zz

die Pizza
das Puzzle
der Zaubertrick
die Zipfelmütze
der Zylinder

ZEIT

die Zahl
der Zahn
der Zauberer
der Zaun
das Zelt
der Zentimeter
das Ziel
das Zimmer
die Zitrone
der Zoo
der Zug

zahlen
zählen
zeichnen
zeigen
ziehen

zehn
zu
zuerst
zuletzt
zum
zur
zurück
zusammen
zwei
zwischen
zwölf

bezahlen
Zeit
zwei
MAGAZIN
Jetzt
Zahn

Au au

Au / Λ A Au Au

au o a au au

der Auspuff

die Autobahnausfahrt

der Automat

der Maulwurfshaufen

der Zaunkönig

die Aufgabe	aufhören	auch
das Auge	aufpassen	auf
der August	aufwachen	aus
der Ausweis	auspacken	außen
	ausruhen	

S-PU 34

Sonne, Papagei, Uhr

K-ST 416

B-EB 6513

Bär ...

HH-RM 30

Qu
R
S
T
U
V
W
XY
Z
Au

A
B
C
D
E
F
G
H
I
J

Ch ch

die Bücherei
das Chamäleon
der Chinese
die Christbaumkugel
das Märchenbuch

CHOR

Qu
R
S
T
U
V
W
XY
Z
Au
Ch

Chamäleon	Das Chamäleon hat eine sehr lange Zunge. Bei Gefahr kann es seine Hautfarbe rasch ändern.
Champignon (sprich: Schampinjon)	Der Champignon ist ein beliebter Speisepilz. Pizza mit Champignons steht oft auf der Speisekarte.
Champion (sprich: Tschämpjen)	Wer in einer Sportart sehr viel kann und oft gewinnt, ist ein Champion.
China	China ist ein riesiges Land in Asien. Die Menschen, die dort leben, heißen Chinesen.

Ei ei

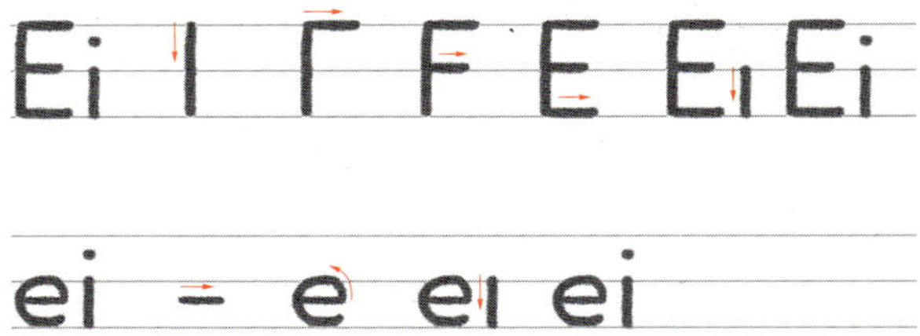

die Ameise
das Eichhörnchen
die Eidechse
der Eisverkäufer
die Zeitung

das Ei
der Eimer
das Eis
die Eisenbahn

eilen
einkaufen

ein
eine
einer
einfach
einige
einmal
eins
einsam

mer   s   senbahn

ns   nfach   len

Qu R S T U V W XY Z Au Ch Ei

A B C D E F G H I J K L

Pf pf

Pf | P Pf Pf

pf | p pf pf

die Friedens**pf**eife

der **Pf**annkuchen

der Pfirsich

das Steckenpferd

der Totempfahl

PFEIL

der Pfau
der Pfennig
das Pferd
Pfingsten
die Pflanze
das Pflaster
der Pfosten
die Pfote
die Pfütze

pfeifen
pflanzen
pflücken

pfui

A B C D E F G H I J K L M

Sch
sch

Sch S Sc Scl Sch

sch s sc scl sch

die Flasche

der Handschuh

der Schäferhund

der Schlittschuh

die Schneeballschlacht

SCHI

der Schatz	schaffen	scharf
die Schaufel	schauen	schlecht
das Schiff	schaukeln	schließlich
der Schlitten	scheinen	schlimm
der Schlüssel	schenken	schmutzig
der Schnee	schieben	schnell
die Schokolade	schimpfen	schon
der Schrank	schlafen	schön
der Schuh	schlagen	schwarz
die Schule	schmecken	schwer
der Schüler	schneiden	
die Schülerin	schreiben	
das Schwein	schreien	
die Schwester	schwimmen	

Schlitten
schlecht

Schnee

schwer

Qu R S T U V W XY Z Au Ch Ei Pf Sch

Sp sp
St st

Sp S Sp Sp
sp s sp sp

St S St St
st s st st

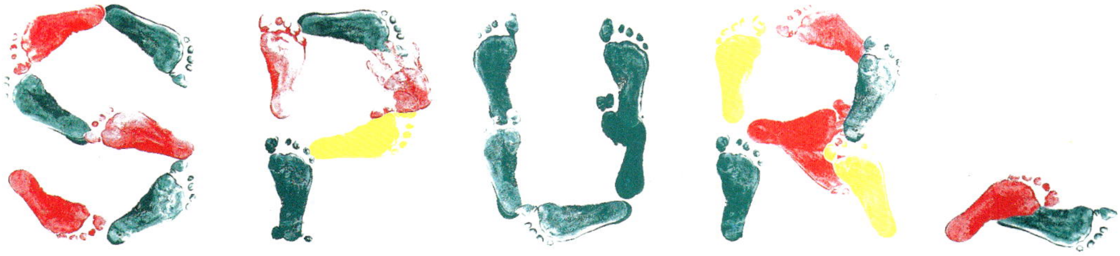

der	Spaß	spielen	spät
der	Spiegel	sprechen	spitz
das	Spiel	er spricht	
die	Spinne	springen	
der	Sport		

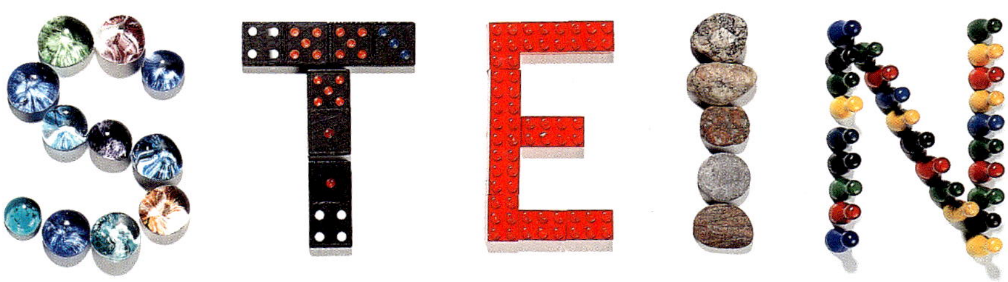

die	Stadt	stecken	stark
der	Stiefel	stehen	steil
der	Storch	steigen	still
die	Straße	stellen	stolz
der	Stuhl	streiten	

STEMPEL-SPIELE

springen

steil

stehen

steigen

spitz

Ää Öö

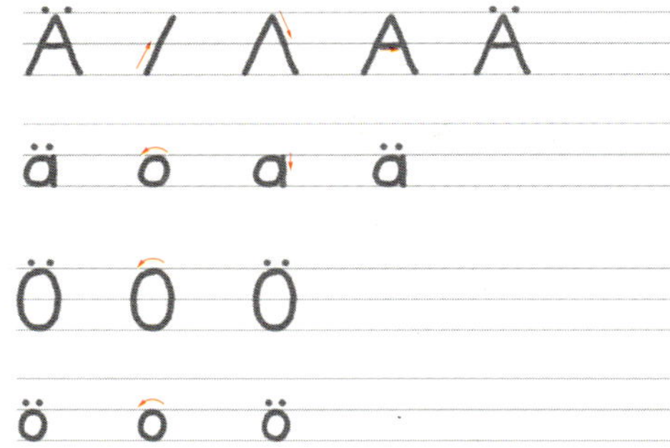

Ü ü
Eu eu

Ü U Ü

ü u u ü

Eu I Γ F E Eu Eu

eu – e eu eu

der Ärmel	ändern	ähnlich
die Ärztin	ärgern	ängstlich
die Öffnung	öffnen	öfter
das Öl	ölen	ölig
die Ölspur		
die Übung	üben	über
	überholen	überall
		übermorgen
die Eule		euch
Europa		euer
das Euter		

Qu
R
S
T
U
V
W
XY
Z
Au
Ch
Ei
Pf
Sch
Sp St
Ä Ö Ü Eu